AF607629

Ana María Rodríguez López

MEDITACIONES SOBRE LA MATERNIDAD DE MARÍA

Para información sobre los retiros para los Ejercicios
por favor, contacte por WhatsApp con el número 626953811
o escriba un mail a: ana.rodriguez.leon@gmail.com

Imprimatur
D. Luis Ángel de las Heras Berzal, CMF
Obispo de León
2-5-2024

ISBN: 978-84-7966-814-3
Depósito Legal: M-4521-2024

Impreso en España - Printed in Spain
Imprime: Estugraf

AGRADECIMIENTOS

Mi sincero agradecimiento a Secundino Castro, quien ha creído desde el comienzo en esta pequeña obra, y me ha animado en todo momento a la confianza.

Mi agradecimiento a Gabino Uribarri, por trasmitirme parte de su conocimiento y por su ayuda desinteresada a la hora de revisar el contenido de las meditaciones.

Mi agradecimiento también a Patricio Navascués, por su implicación en este proyecto, al que ha enriquecido tanto.

Mi profundo agradecimiento al Señor, que ha hilado nuestras vidas y ha hecho posible que estas meditaciones lleguen a tus manos.

AL LECTOR

En algún momento de las páginas que Romano Guardini dedicó a las *Confesiones* de san Agustín nos aclara el célebre teólogo alemán que dicha obra de san Agustín no era tanto una autobiografía del santo obispo de Hipona sino más bien la biografía de Dios en Agustín. La obra que Ana María Rodríguez pone en nuestras manos querría invitar a todo aquel que se disponga a ejercitarse en estas meditaciones a "escribir" sus propias *confesiones* marianas.

Y así como san Agustín, rompiendo moldes retóricos, se atrevió a comenzar su relato en el primer libro de las *Confesiones* hablando acerca de su nacimiento, cuando aún no sabía siquiera hablar, y esto hacía el santo Padre de la Iglesia con la sola intención de mostrar cómo el amor providente del Padre había envuelto la vida de Agustín ya desde antes de su nacimiento, así, de modo análogo, este libro de las meditaciones sobre la maternidad de María propone, al que rece con ellas, considerar la presencia de María en su vida, ya desde el momento mismo de su concepción.

Se trata de descubrir la historia de nuestra madre María *en cada uno de nosotros* y de cómo ella no persigue otra cosa sino que se reproduzcan *en mí* los mismos rasgos de Jesús.

El Espíritu Santo va ensanchando, dilatando, el seno maternal de María, pila bautismal de todos los creyentes, y nos va disponiendo a nacer de ella. Cuando Jesús, desde la cruz, señalando al discípulo amado, le dijo a su madre: «ahí tienes a tu hijo», no pretendía Jesús dar un premio de consolación a María, sustituyendo la presencia del Maestro por la del discípulo. Antes bien, Jesús buscaba ensanchar su propio cuerpo gracias a la generosidad de su madre, a fin de que ella termine siendo madre de Jesús y madre nuestra, es decir, madre del único Cristo total.

Yo diría que esta serie de meditaciones marianas no aspira tanto a descubrir la vida de María para imitarla, sino más bien a reconocer su presencia maternal en cada uno de nosotros, para que se desarrolle en nuestro interior, por favor de Dios, el necesario y libre vínculo filial con ella. No toda dependencia es mala. Hay algunas dependencias que nos liberan, y la dependencia del amor de María siempre nos libera.

Por lo demás, el amor maternal de María no se yuxtapone en paralelo al amor providente del Padre, no. El amor maternal de María por cada uno de los discípulos de Jesús forma parte inseparable y vital del amor providente del Padre por cada hombre, manifestado en Jesucristo, y comunicado a los hombres en el misterio de la Iglesia, por medio del don del Espíritu Santo.

Patricio de Navascués

PRÓLOGO

En la escenografía del Nuevo Testamento, se despliega un canto de esperanza y sanación, donde la Maternidad de la Virgen María se revela como una luminaria de liberación y curación, llama viva de luz y calor. Este librito de ejercicios espirituales con María, nuestra dulce Madre, se adentra en el misterio de cómo la Santísima Virgen, como madre de Jesús y nuestra, nos brinda la oportunidad de encontrar nuestra redención y transfiguración, haciéndonos semejantes a ella, que vivió la sencillez del Evangelio en fe creciente de modo sublime.

Los libros del Nuevo Testamento presentan su maternidad como una translúcida metáfora de maduración espiritual y humana, un camino hacia la curación de las heridas del alma. En esas páginas, se explora cómo su papel como madre de Jesús y nuestra, se convierte en un foco de esperanza para todos los que buscan sanación y plenitud. Para los que sueñan con hacer vida el Evangelio, que brilla en los labios de la persona de María, la mujer de la Palabra y de la vida. Sus actitudes son para nosotros enseñanzas luminosas, que llevándolas a la práctica transforman nuestras emociones inadecuadas y nos regalan los sentimientos de

Cristo. Así la maternidad de María no sólo cura nuestra heridas emocionales y espirituales, sino que además nos asemeja a ella, que refleja en su rostro el de su Hijo.

Como exploradores del espíritu, nos adentramos en estas narrativas con un enfoque meditativo, desentrañando las enseñanzas y los símbolos que subyacen en las Escrituras. A través de la meditación y la contemplación exploramos cómo la Maternidad de María nos ofrece un camino hacia la semejanza con ella, una transformación espiritual que nos libera del peso de nuestra mortalidad. Este librito es una invitación a la luz y la experiencia del Espíritu, un canto a la Maternidad de María como camino hacia la plenitud. A través de estas páginas, aspiramos a que los ejercitantes encuentren en la contemplación de la Virgen María un medio para descubrir el agua viva que sacia la sed, lava las heridas y nos injerta el estilo de Cristo. Sus páginas rezuman evangelio y perfume de la Virgen María. Ante el ejercitante van pasando para su meditación, contemplación o reflexión uno a uno los diversos textos o pasajes que aparecen en los Evangelios, Hechos y Apocalipsis. Cada uno de ellos nos dibuja figuras muy concretas de María donde vemos los movimientos de su alma, que llegan a la nuestra. Y se produce el encuentro o la reacción. Y todo nuestro ser conmovido se explaya ante todo lo que nos suscitan o acallan. La Palabra de Dios se nos hace mariana en la actitud de ella, que nos llega acariciante, o interrogadora. De este modo María se hace también palabra. Y se escucha como fondo de todo, su «hágase en mi según tu palabra».

Se trata, sin duda, de un encuentro profundo en el que toda la carga de salvación que el Espíritu Santo ha depositado en María nos alcanza y unge, produciendo en nosotros una experiencia de iluminación y de gozo. Entonces comprendemos, por un momento, el gran sentido de María en el plan de Dios. De modo que no solo nos hace entendernos a nosotros, la entendemos también a ella. También aquí se halla la sabiduría que el Padre revela a los pequeños del Reino, o sea, a los hijos de la Virgen, que discurren su camino para contemplarla y descubrir en ella los destellos de Cristo.

Que esta obra sencilla inspire, a aquellos que la aborden, a buscar la sanación, la liberación y la semejanza con la Virgen María en su propia trayectoria espiritual, y a descubrir en su devoción una fuente de esperanza y transfiguración.

Secundino Castro O.C.D.

MEDITACIONES SOBRE LA MATERNIDAD DE MARÍA

INTRODUCCIÓN GENERAL: LG 61-62

La Santísima Virgen, predestinada desde toda la eternidad como Madre de Dios juntamente con la encarnación del Verbo, por disposición de la divina Providencia, fue en la tierra la Madre excelsa del divino Redentor, compañera singularmente generosa entre todas las demás criaturas y humilde esclava del Señor. Concibiendo a Cristo, engendrándolo, alimentándolo, presentándolo al Padre en el templo, padeciendo con su Hijo cuando moría en la cruz, cooperó en forma enteramente impar a la obra del Salvador con la obediencia, la fe, la esperanza y la ardiente caridad con el fin de restaurar la vida sobrenatural de las almas. Por eso es nuestra madre en el orden de la gracia.

Esta maternidad de María en la economía de gracia perdura sin cesar desde el momento del asentimiento que prestó fielmente en la Anunciación, y que mantuvo sin vacilar al pie de la cruz hasta la consumación perpetua de todos los elegidos. Pues, asunta a los cielos, no ha dejado esta misión salvadora, sino que con su múltiple intercesión continúa obteniéndonos los dones de la salvación eterna. Con su amor materno se cuida de los hermanos de su Hijo, que todavía peregrinan y hallan en peligros y ansiedad hasta que sean conducidos a la patria bienaventurada. Por este motivo, la Santísima Virgen es invocada en la Iglesia con los títulos de Abogada, Auxiliadora, Socorro, Mediadora. Lo cual, sin embargo, ha de entenderse de tal manera que no reste ni añada a la dignidad y eficacia de Cristo, único Mediador[1].

[1] De la Constitución Dogmática *Lumen Gentium*, números 61 y 62.

INTRODUCCIÓN A LA OBRA

Estas meditaciones surgen del deseo de María, sentido en oración, de ser madre cercana de cada uno de sus hijos. Madre en circunstancias concretas de la vida. Madre que desea que se la descubra más presente, acompañando y sanando. Madre que desata los nudos que la falta de amor ha dejado en nuestras vidas.

Esta pequeña obrita está escrita con el deseo de que, desde la sabiduría escondida en las Escrituras, como verdad eterna, puedas descubrir a María, de forma cercana y sencilla, como tu madre, y te dejes acompañar por ella[2].

[2] Todas las citas de las Escrituras están tomadas de la *Biblia de Jerusalén*. Bilbao: Editorial Desclée De Brower, 1998.

MEDITACIONES SOBRE LA MATERNIDAD DE MARÍA

PAUTAS GENERALES

OBJETIVO GENERAL: Encontrarme con María, conocer su corazón maternal a la luz de la fe reflejada en las Escrituras, relacionarme con ella como madre, sentirme acompañada por ella en mis heridas. Releer con ella mi historia para darme cuenta de que todo lo vivido me acerca a Dios, porque según nos dice San Pablo en su Carta a los Romanos "Por lo demás, sabemos que en todas las cosas interviene Dios para bien de los que le aman" (Rm 8, 28a)

El centro de estas las meditaciones es la maternidad de María, por lo tanto, Jesucristo es el verdadero centro de la meditación, aunque en un segundo momento se desplace hacia la relación de la persona que medita, con su madre.

- Pedir al Señor, a tiempo y a destiempo la gracia de conocer el Inmaculado Corazón de María como madre, a través de las Escrituras.
- Degustar cada meditación el tiempo que sea necesario. No es recomendable pasar a la

siguiente meditación hasta que no se haya colmado la anterior. Pedir al Señor la gracia de experimentar el sentirme acompañado por María y sanado por el Amor de Dios.

- Observar que en María, como en nosotros, la santificación es un proceso llevado a cabo por el Espíritu. Este proceso de santificación se va dando a medida que va desarrollándose su vocación, como madre de Cristo. La vivencia de su maternidad, que va siendo plenificada por el sufrimiento ofrecido sin rebelarse, por amor al Señor. Un proceso que culmina a los pies de la Cruz, aunque continúa durante toda su vida, hasta el presente.
- Experimentar cómo, desde esa plenitud alcanzada, María es mi madre, y me acompaña en las distintas etapas de mi vida, también en mis sufrimientos, especialmente si me uno en ellos a su Hijo. Centrarme en el deseo de María de llevarme al Señor.
- Observar cómo, en el proceso de desarrollo de su vocación maternal, al acompañar a Jesús como madre, María va experimentando un proceso de desarrollo trinitario en su interior. La relación con el Padre y el Espíritu Santo, va madurando de forma paralela a cómo se desarrolla su relación con el Hijo.
- Tomar a María como modelo en todo.
- María es la madre que da el vínculo seguro.

- Toda la semana se trabaja la independencia afectiva y las heridas de apego.
- EL CUARTO MOVIMIENTO SOLO SE MEDITARÁ SI LA PERSONA ESTÁ ACOMPAÑADA.

PRIMER DÍA: acogida

SEÑORA DEL SILENCIO

Madre del silencio y de la Humildad,
tú vives perdida y encontrada
en el mar sin fondo del Misterio del Señor.

Eres disponibilidad y receptividad.
Eres fecundidad y plenitud.
Eres atención y solicitud por los hermanos.
Estás vestida de fortaleza.
En ti resplandecen la madurez humana
y la elegancia espiritual.
Eres señora de ti misma
antes de ser señora nuestra.

No existe dispersión en ti.
En un acto simple y total, tu alma, toda inmóvil,
está paralizada e identificada con el Señor.
Estás dentro de Dios, y Dios dentro de ti.
El Misterio Total te envuelve y te penetra,
te posee, ocupa e integra todo tu ser.

Parece que todo quedó paralizado en ti,
todo se identificó contigo:
el tiempo, el espacio, la palabra,
la música, el silencio, la mujer, Dios.
Todo quedó asumido en ti, y divinizado.

Jamás se vio estampa humana de tanta dulzura,
ni se volverá a ver en la tierra
mujer tan inefablemente evocadora.

Sin embargo, tu silencio no es ausencia
sino presencia.
Estás abismada en el Señor y, al mismo tiempo,
atenta a los hermanos, como en Caná.
Nunca la comunicación es tan profunda
como cuando no se dice nada,
y nunca el silencio es tan elocuente
como cuando nada se comunica.
Haznos comprender
que el silencio no es desinterés por los hermanos
sino fuente de energía e irradiación;
no es repliegue sino despliegue;
y que, para derramar riquezas
es necesario acumularlas.

El mundo se ahoga en el mar de la dispersión,
y no es posible amar a los hermanos
con un corazón disperso.
Haznos comprender que el apostolado,
sin silencio,
es alienación;
y que el silencio,
sin apostolado,
es comodidad.

Envuélvenos en el manto de tu silencio,
y comunícanos la fortaleza de tu Fe,
la altura de tu Esperanza
y la profundidad de tu Amor.

Quédate con los que se quedan,
y vente con los que nos vamos.
¡Oh, Madre admirable del Silencio![3]

[3] Padre Ignacio Larrañaga Orbezogo. *El Silencio de María*. Madrid: Editorial San Pablo. 2008, 7-8.

PRIMERA MEDITACIÓN

La persona de María. El amor de Dios a través del Corazón Inmaculado y Maternal de María. Ver cómo María me ama, desde el Señor, con su corazón maternal, desde la plenitud de su persona. María completamente plenificada y divinizada, tras su Asunción al cielo. ¿Quién es María para mí?

INTRODUCCIÓN

Sabemos por la fe que María fue concebida sin pecado, sin embargo, fue hecha como nosotros, de barro, y necesitó, por tanto, un proceso de plenificación en su humanidad, mediado por el Espíritu Santo. Este proceso de plenificación es modelo del nuestro. Mediante este proceso fue creciendo en entrega y desprendimiento, **madurando en su vocación maternal**.

María, como persona creyente, estaba adornada con la gracia del Espíritu, pudiendo descubrirse en ella los siete dones : sabiduría, inteligencia, consejo, fortaleza, ciencia, piedad y temor del Señor. Estos dones van alcanzando el máximo grado, paralelamente a su proceso de plenificación, a través del amor en la dimensión de la cruz, muy presente en su vida.

Todo este proceso nos lleva a la plenitud de María que aparece en el Apocalipsis, plenitud como Reina y Señora del Universo, pero sobre todo **plenitud como madre**.

PUNTOS

- En un primer momento: Pedir la gracia de poder entrar en el Corazón Inmaculado de María para poder conocerla y amarla más.
- En un segundo momento: Visualizar a María en su plenitud y en su relación conmigo como madre. Descubrir o recordar momentos concretos con ella que me hayan marcado, mi historia con María.
- Al finalizar, dar gracias al Señor por nuestra madre y recogida ¿qué me ha dicho el Señor con esta meditación?.

SEGUNDO DÍA

"Porque tú has formado mi cuerpo,
me has tejido en el vientre de mi madre;
te doy gracias por tantas maravillas:
prodigio soy, prodigio son tus obras.

Mi aliento conocías cabalmente,
mis huesos no se te ocultaban,
cuando era formado en lo secreto,
tejido en las honduras de la tierra.

Mi embrión, veían tus ojos;
en tu libro están inscritos
los días que me has fijado,
sin que aún exista el primero"

(Salmo 139, 13-16)

PRIMERA MEDITACIÓN
(POR LA MAÑANA)

La Anunciación: Lc 1, 26-38

"Al sexto mes envió Dios al ángel Gabriel a un pueblo de Galilea, llamado Nazaret, a una virgen desposada con un hombre llamado José, de la casa de David. La virgen se llamaba María. Cuando entró, le dijo: «Alégrate, llena de gracia, el Señor está contigo». Ella se conturbó por estas palabras y se preguntaba qué significaría aquel saludo. El ángel le dijo: «No temas, María, porque has hallado gracia delante de Dios; vas a concebir en tu seno y a dar a luz un hijo, a quien pondrás por nombre Jesús. Él será grande, le llamarán Hijo del Altísimo y el Señor Dios le dará el trono de David, su padre; reinará sobre la casa de Jacob por los siglos y su reino no tendrá fin». María respondió al ángel: «¿Cómo será esto posible, si no conozco varón?» El ángel le respondió: «El Espíritu Santo vendrá sobre ti y te cubrirá con su sombra; por eso, el que va a nacer será santo y le llamarán Hijo de Dios. Mira, también Isabel, tu pariente, ha concebido un hijo en su vejez y ya está en el sexto mes la que era considerada estéril, porque nada hay imposible para Dios» Dijo María: «He aquí la esclava del Señor; hágase en mí según tu palabra». Y el ángel la dejó y se fue."

INTRODUCCIÓN

En el Evangelio de San Lucas se da una presencia especial de María. En el momento de la Anunciación, podemos suponer que María, tiene una edad aproximada de 15 años. Conocía ya el proceder de Dios. Es una joven de una aldea pequeña, con una vida sencilla. Aceptando el deseo del Señor, pone en Sus manos toda su existencia. Se expone a la crítica, e incluso a la muerte física. Con su *HÁGASE*, María está ofreciendo su vida en totalidad al Señor. Se presenta como sierva, como quien pertenece al Señor. El servicio de María será su maternidad. En el interior de María hay una disposición activa y esperanzada, llena de alegría por participar en el plan de Dios: es la vocación de María.

PUNTOS

- En un primer momento: Pedir la gracia de poder entrar en el Corazón Inmaculado de María y acompañarla en esos instantes, con los cinco sentidos. Detenerse en la actitud de ACOGIDA de María, en su FE y en su capacidad de ENTREGA. La gestación de Cristo responde a la iniciativa de Dios, y comienza con la escucha, el dejarse hacer por Dios y la obediencia, dejar hacer en mí la obra de Dios. En la Anunciación comienza la Nueva

Creación animada por el Espíritu Santo. **Introducirse en la especial relación de María con el Padre, el Hijo y el Espíritu Santo.**

- En un segundo momento: Pedir la gracia de sentir el amor incondicional de María hacia el Hijo que se encarna.
- En un tercer momento: Pedir la gracia de sentir el amor incondicional de María hacia mí desde el momento de mi concepción. Con la misma entrega con la que acogió en su seno a Cristo, me acoge a mí.
- En un cuarto momento: Si mis padres, o alguien a su alrededor, no acogieron como una buena noticia mi aparición en el mundo, dejarme acompañar en esta herida por el Corazón Maternal de María. Tanto Dios como María deseaban ardientemente mi existencia.
- Al finalizar, dar gracias al Señor por nuestra Madre y recogida ¿qué me ha dicho el Señor con esta meditación?.

SEGUNDA MEDITACIÓN
(POR LA TARDE)

EXPECTACIÓN

La Virgen está bordando,
está bordando un pañal,
un blanco pañal de lino
perfumado de azahar.
En tanto borda en silencio
Ella se pone a soñar...
La aguja no borda ya...
"Si soy tan niña, tan niña...;
si no lo sabré llevar...
¿A qué me sabrán sus besos
cuando me sepa besar?...
Sol de oro, sol de oro:
sus ojos, ¿cómo serán?...
....
Fuentecica de agua pura
con rumores de cristal:
¿cómo sonará su risa
cuando le quiera lavar?...
Lucerillos de la sierra:
cuando le lleve a acunar,
si me mirara en silencio...
¿qué me dirá su mirar?...

Yo no sé cómo tomarle
cuando le quiera llevar;
yo soy tan niña, tan niña…
¿si yo lo sabré tomar?…
Si se durmiera en mi seno
al rumor de mi cantar,
¿sabré ponerlo en la cuna?,
¿no se me despertará?
¡Son tan pequeñas mis manos!…
¡Tan delicado él será!…
¿Y si a llorar comenzara?…
¿Si yo me echara a llorar?…

Un mes, y estará en mis brazos,
aquí en mi falda estará;
yo le tendré todo mío,
yo acunaré su soñar,
yo le peinaré los rizos,
yo le iré enseñando a hablar;
¿si acaso podré creerle
cuando me diga: "mamá"?…
Yo soy tan niña, tan niña,
¡nunca soñé este soñar!

¡Es tan extraño, tan nuevo,
tan dulce, tan singular!…
¡Si bastara con amarle!
¡Que yo no sé más que amar!
Un mes y estará en mi falda,
desnudito aquí estará…
Yo le fajaré muy suave,
con este blanco pañal…

¡Oh! ¡Que he dejado el bordado!
¡Cuánto me tardo en bordar!

La aguja corre ligera
sobre el nevado pañal,
el blanco pañal de lino
perfumado de azahar.
La aguja corre ligera...
mas, pronto se detendrá...,
que mientras la Virgen borda
sueña un divino soñar..
"Sol de oro, sol de oro:
sus ojos, ¿cómo serán?[4]

---

[4] Juan Alberto de los Cármenes. *Inédita ternura*. Segovia: Editorial de Espiritualidad, 1955, 15.

La Visitación: Lc 1, 39-56

"En aquellos días, se puso en camino María y se dirigió con prontitud a la región montañosa, a una población de Judá. Entró en casa de Zacarías y saludó a Isabel. En cuanto oyó Isabel el saludo de María, saltó de gozo el niño en su seno; Isabel quedó llena de Espíritu Santo y exclamó a gritos: «Bendita tú entre las mujeres y bendito el fruto de tu seno; ¿cómo así viene a visitarme la madre de mi Señor? Porque apenas llegó a mis oídos la voz de tu saludo, saltó de gozo el niño en mi seno. ¡Feliz la que ha creído que se cumplirían las cosas que le fueron dichas de parte del Señor!»"

INTRODUCCIÓN

María no tarda en ponerse en camino. Isabel vivía en una aldea llamada Ein Karen, a unas cuatro jornadas viajando en caravana, atravesando montes. María sube a la montaña como mensajera de la Buena Noticia que porta. Se intuye la madurez, fortaleza e independencia de María, su libertad y su vocación de servicio.

En su encuentro con Isabel se recalca cómo la maternidad de María es **primeramente espiritual**: «¡Feliz la que ha creído!».

PUNTOS

- En un primer momento: pedir la gracia de entrar en el Corazón Inmaculado de María y acompañarla en esas vivencias, con los cinco sentidos. Introducirse en el deseo de María de SERVIR al Señor, en este caso en la persona de Isabel. Detenerse en la INDEPENDENCIA y la FORTALEZA de María. Compartir su ALEGRÍA. **Profundizar en la relación de María con el Espíritu Santo, al que porta, junto con su Hijo, como donación del Padre**.
- En un segundo momento: pedir la gracia de sentir el amor de María hacia el Hijo que crece en sus entrañas.
- En un tercer momento: pedir la gracia de sentir el amor de María hacia mí como ma-

dre espiritual desde el momento de mi concepción hasta mi nacimiento.

- En un cuarto momento: si conozco alguna dificultad en este período de mi existencia, dejarme acompañar en ese momento por María.
- Al finalizar, dar gracias al Señor por nuestra madre y recogida ¿qué me ha dicho el Señor con esta meditación?.

TERCER DÍA

JAUNA COELI

Todos rezamos sin saberlo; abierta
quedó la entrada del portal: se oía
un cálido alentar entre la umbría;
alcé la voz y la sentí abierta.

Luego vi a la mujer, era tan cierta,
tan llena de esperanza y alegría,
que en la pared su cuerpo aparecía
como una sombra no, como una puerta.

Ya no recuerdo más, sé que me ahogaba,
llevé la mano hasta la frente, luego
hasta el pecho y los hombros, juraría

que mi carne al tocarla se agrietaba,
porque como la mano enciende el fuego
el corazón bajo la cruz se abría[5].

---

[5] Luis Rosales. "Retablo de Navidad". En *Poesía. Obras completas*. Vol. 1, 23. Madrid: Editorial Trotta, 1996.

PRIMERA MEDITACIÓN
(POR LA MAÑANA)

El Nacimiento: Lc 2, 1-7

"Por aquel entonces se publicó un edicto de César Augusto, por el que se ordenaba que se empadronase todo el mundo. Este primer empadronamiento tuvo lugar siendo Cirino gobernador de Siria. Todos fueron a empadronarse, cada cual a su ciudad. También José subió desde Galilea, de la ciudad de Nazaret, a Judea, a la ciudad de David, llamada Belén, por ser él de la casa y familia de David, para empadronarse con María, su esposa, que estaba encinta. Mientras estaban allí, se le cumplieron los días del alumbramiento y dio a luz a su hijo primogénito. Lo envolvió en pañales y lo acostó en un pesebre, porque no tenían sitio en el albergue."

INTRODUCCIÓN

Al conocer el edicto, María comprende que ha de acompañar a José. El viaje es largo, alrededor de seis jornadas. Allí se encuentran con el rechazo de muchas personas, que no tienen sitio para ellos. María sufre este rechazo en su corazón, a la par que el comienzo de los dolores de parto. La respuesta de María a este rechazo, en este momento y a lo largo de su existencia, será la donación de su Hijo.

PUNTOS

- En un primer momento: pedir la gracia de entrar en el Corazón Inmaculado de María y acompañarla en estas vivencias, con los cinco sentidos. El rechazo vivido ayuda en el proceso de plenificación del corazón de María. Se da una kénosis en este momento, la entrega es total, también de su vida física, por amor a Dios y a los hombres. La maternidad espiritual de María está ya presente en su corazón, como deseo de salvación de los hombres, porque ese es el deseo de Dios, a quien tanto ama. **El movimiento trinitario en María de darse de forma total al Padre por el Espíritu, mientras está dispuesta a dar su vida por el Hijo**, es en realidad un único movimiento de entrega.

- En un segundo momento: pedir la gracia de sentir el amor de María hacia el bebé recién nacido, **desvalido**. Entrar en su ternura, en su deseo de cuidado y protección. Mirar cómo María lo envuelve en pañales en medio de un mundo herido por el pecado.
- En un tercer momento: pedir la gracia de sentir el amor de María hacia mí como madre espiritual en el momento de mi nacimiento. Imaginar la ternura con la que me mira, su deseo de cuidar de mí, la alegría que siente de que ya esté en el mundo, ella que conoce mi misión. Imaginar cómo me coge en sus brazos y da gracias al Señor por mi existencia.
- En un cuarto momento: si conozco alguna dificultad relacionada con mi nacimiento o con su entorno, dejarme acompañar en ella por María.
- Al finalizar, dar gracias al Señor por nuestra madre y recogida ¿qué me ha dicho el Señor con esta meditación?.

SEGUNDA MEDITACIÓN
(POR LA TARDE)

CANCIÓN A TIENTAS

La niña tuvo un sueño
de amanecida
y en el sueño su cuerpo
resplandecía.

Se despierta y quisiera ver
lo que ha visto:
seguir jugando a tientas
con aquel niño.

En el cielo la luna
cascabelea
y un copo, un solo copo,
llena la tierra.

En la cuna está el niño;
piensa que es sueño;
le toca con las manos
y el pensamiento.

Vuelve a tocarle un poco;
no está segura
y cae la nieve a tientas
sobre la cuna.

Con el niño en brazos,
solo quisiera
saber si está viviendo
lo que entresueña[6].

[6] Luis Rosales. "Retablo de Navidad". En *Poesía. Obras completas*. Vol. 1, 29-30. Madrid: Editorial Trotta, 1996.

La Presentación de Jesús en el Templo: Lc 2,22-35

"Cuando se cumplieron los días en que debían purificarse, según la Ley de Moisés, llevaron a Jesús a Jerusalén para presentarle al Señor, como está escrito en la Ley del Señor: Todo varón primogénito será consagrado al Señor, y para ofrecer en sacrificio un par de tórtolas o dos pichones, conforme a lo que se dice en la Ley del Señor.

Vivía por entonces en Jerusalén un hombre llamado Simeón. Era una persona justa y piadosa, que esperaba que Dios consolase a Israel; y estaba en él el Espíritu Santo.

El Espíritu Santo le había revelado que no vería la muerte antes de haber visto a Cristo el Señor. Movido por el Espíritu, vino al Templo. Cuando los padres introdujeron al niño Jesús, para cumplir lo que la Ley prescribía sobre él, lo tomó en brazos y alabó a Dios diciendo:

«Ahora, Señor, puedes, según tu palabra, dejar que tu siervo se vaya en paz, porque han visto mis ojos tu salvación, la que has preparado a la vista de todos los pueblos, luz para iluminar a las gentes y gloria de tu pueblo Israel.»

Su padre y su madre estaban admirados de loque se decía de él. Simeón los bendijo y dijo a María, su madre: «Este está destinado para caída y elevación de muchos en Israel, y como signo de contradicción ¡a ti misma una espada te atravesará el alma!, a fin de que queden al descubierto las intenciones de muchos corazones.»"

INTRODUCCIÓN

José y María cumplen con la Ley de Moisés, son judíos justos. Están adaptándose aún a ser padres. Presentan la ofrenda de los pobres. María reconoce en Simeón la voz del Señor y se estremece. María, como Hija de Sión, llevará en su propia vida el destino gozoso pero también doloroso de su pueblo. El camino personal de María está marcado por la alegría pero también por el sufrimiento. Las alegrías y los sufrimientos de su Hijo, a través de su corazón maternal, serán también los suyos.

PUNTOS

- En un primer momento: pedir la gracia de entrar en el Corazón Inmaculado de María y acompañarla en estas vivencias, con los cinco sentidos. La presentación del primogénito en el Templo no era una norma de obligado cumplimiento, sino de piedad; **por el impulso del Espíritu Santo, el Hijo es presentado por María y José ante el Padre**.
- En un segundo momento: pedir la gracia de sentir el deseo de María de ofrecer su Hijo al Padre, la DONACIÓN de María y su DESPRENDIMIENTO. El reconocimiento de que ese Hijo no le pertenece.
- En un tercer momento: pedir la gracia de sentir el deseo de María de ofrecerme con Je-

sús, al Padre, de consagrarme a Él, desde el inicio de mi vida, sabiendo que esto es lo mejor que puede hacer por mí, conducirme al Padre. Ella dona a su propio Hijo para que yo pueda conocer al Padre. Imaginar cómo me coge en brazos y me presenta ante el Señor.

- En un cuarto momento: pedir la gracia de sentir el amor de María hacia mí como madre espiritual a lo largo de mi infancia. Sentirme acompañada por ella en los momentos difíciles de esta etapa. Elegir uno y detenerme en él. Ver cómo María está conmigo en ese momento como Madre, cómo me consuela y me aconseja, trasmitiéndome una trascendencia.
- Al finalizar, dar gracias al Señor por nuestra Madre y recogida ¿qué me ha dicho el Señor con esta meditación?.

CUARTO DÍA

VILLANCICO Y CANCIÓN DE LA DIVINA POBREZA

¡Alba, venid, venid, alba!;
dormido está el horizonte
y la luz sueña en los brazos
de los ángeles raptores.

¡Alba, venid, venid, alba!,
y el niño no la conoce,
que aún no ha resbalado el día
de los ojos redentores.

Como pájaros cansados
vienen del lado del monte
lentos copos cuyas alas
dormirán cuando se posen…

Siguen volando dormidas
las cigüeñas de la torre,
y el niño llora…, la luna
le colma de resplandores,
los ojos ciertos y azules,
la cruz de la carne joven.

Como la lluvia en la fuente
cae su mirada en la noche,
como pájaros heridos
caen los troncos en el bosque,
y el niño tiene en su carne
temblando todas las flores,

temblando al pasar el viento
que las dobla con su toque.

Le está mirando la Virgen
temiendo que se deshoje,
le está mirando y no encuentra
dolor como sus dolores,
le está diciendo palabras,
tristes palabras insomnes.

Que no puedo valerte,
Rey de los hombres;
que valerte no puedo,
pero no llores.

Pan de mi carne henchido,
luz de mi noche,
lucero de mis ojos
no te acongojes.

Si estás desnudo y solo,
sobran vellones
en las ovejas blancas
de los pastores.

Si estás solo y desnudo,
Rey de los hombres,
te brindarán mis brazos
consuelo y goce.

Que darte más no puede
quien te dio el nombre;
¡que más no puedo darte,
pero no llores![7]

---

[7] Luis Rosales. "Retablo de Navidad". En *Poesía. Obras completas*. Vol. 1, 12. Madrid: Editorial Trotta, 1996.

LA FUGA

Anda a deshora el Amor
por las callejas con luna.
La una
entre los astros del cielo.

¡Ay, María,
Emperatriz del Desvelo,
tomad furtiva su Gloria!...
¡Perdedlo en la lejanía
del desierto sin memoria!
¡Ay, Señora,
que si lo ciegan en flor,
¿qué haremos sin el Amor?
¿En dónde hallará sentido
la vida?
Silencio...Fugad sin ruido...

(¡Por lograr la noche ambigua
celando todas sus galas,
seis ángeles con sus alas
que cubran la luna antigua...!)

(¡Y por celar
a la vera del sendero
su descanso caminero,
se rinda la datilera...!)

-Tibia y sola está la cuna...-
¡Todo es temor! ¡Que importuna
la brisa con su rumor...!

Anda de fuga el Amor
por las arenas con luna...[8]

[8] Juan Alberto de los Cármenes. *Inédita ternura*. Editorial de Espiritualidad, 1955, 51.

PRIMERA MEDITACIÓN
(POR LA MAÑANA)

El niño Jesús perdido y hallado en el Templo: Lc 2,41-52

"Sus padres iban todos los años a Jerusalén a la fiesta de la Pascua. Cuando cumplió los doce años, subieron como de costumbre a la fiesta. Pasados aquellos días, ellos regresaron, pero el niño Jesús se quedó en Jerusalén, sin que sus padres lo advirtieran. Creyendo que estaría en la caravana, y tras hacer un día de camino, lo buscaron entre los parientes y conocidos. Pero, al no encontrarlo, se volvieron a Jerusalén en su busca.

Al cabo de tres días, lo encontraron en el Templo sentado en medio de los maestros, escuchándolos y haciéndoles preguntas. Todos cuantos le oían estaban estupefactos, por su inteligencia y sus respuestas. Cuando lo vieron, quedaron sorprendidos; su madre le dijo: «Hijo, ¿por qué nos has hecho esto? Tu padre y yo te hemos andado buscando, llenos de angustia» Él les dijo: «Y ¿por qué me buscabais? ¿No sabíais que yo debía estar en la casa de mi Padre?» Pero ellos no comprendieron la respuesta que les dio."

INTRODUCCIÓN

Jesús tiene una edad de 12 años. Sus padres suben a Jerusalén para cumplir con el rito del Bar Mitzvah. A partir de entonces se considerará a Jesús adulto, tendrá la posibilidad de leer las Escrituras en la sinagoga. Para llegar a Jerusalén, la Sagrada Familia viaja probablemente en caravana, con personas de su pueblo y de pueblos cercanos. Van a honrar a Dios. María contempla y asimila el misterio de Jesús de forma gradual, despacio, a lo largo de un proceso. María siempre es modelo, también en el hecho de que no comprendía el Misterio.

PUNTOS

- En un primer momento: pedir la gracia de entrar en el Corazón Inmaculado de María y acompañarla en estas vivencias, con los cinco sentidos. Vivir con ella este nuevo descendimiento, que ayuda al proceso de desprendimiento en su corazón; y la alegría del reencuentro. Valorar el posible cambio en el corazón de María en su relación con la Trinidad, cómo al ir asimilando las palabras de su Hijo, **la relación con Dios Padre** se va modificando, haciéndose aún más cercana, más familiar. Valorar la **mayor aceptación de la libertad de su Hijo.**

- En un segundo momento: pedir la gracia de entrar en la relación de María con Jesús, al que no siempre comprende. Su amor de madre guarda este acontecimiento en el corazón, lo acoge de forma incondicional, aunque inicialmente no lo entienda.
- En un tercer momento: pedir la gracia de sentir la compañía de María como madre en mi adolescencia, especialmente en las dificultades sufridas en esta etapa. Ofrecerle mis necesidades afectivas no cubiertas.
- En un cuarto momento: Elegir un momento concreto de esta etapa y dejarme acompañar por ella.
- Al finalizar, dar gracias al Señor por nuestra madre y recogida ¿qué me ha dicho el Señor con esta meditación?.

SEGUNDA MEDITACIÓN
(POR LA TARDE)

El amor de María no es celoso, no impide que otros amen con amor apasionado a su Hijo. En esta poesía, María deja que una pastorcilla le tome en brazos. En la siguiente meditación María compartirá su maternidad con todo aquel que cumpla la voluntad de Dios.

CANCIÓN ALUCINADA DE LA PASTORA QUE LE TOMÓ EN SUS BRAZOS PARA DORMIRLO

Para ti, porque eres hombre verdadero,
para ti este sueño pequeño y rumoroso
que siento ya como un vuelo de abejas
sobre mi corazón,
este sueño rendido y casi humano,
que habrá visto las fuentes y los bosques del cielo,
que habrá jugado con los niños entre los pinos
y con los gorriones en las gradas del templo
y habrá reunido, para siempre, a las azucenas
que se desnudan de risa en el silencio de tus ojos.
Para ti, porque eres hombre verdadero;
y eres el campo y el trigo donde duermo.
Para ti esa dulzura que no sabe explicarme
quién es el ángel de tu guarda,

que no sabe explicarme si lo escogiste tú en el
octavo día,
después de haber soñado el sol
y de acunar el mar entre tus brazos,
o le trajo en sus alas la paloma
que despertó a María,
mientras los lirios se arrodillaban así en la tierra
como en el cielo.

Para ti, porque eres hombre
verdadero;
para ti, lluvia en el bosque
de mi pecho;
para ti también, si quieres,
vendrá el sueño.

Vendrá para bañarme de temblor,
para ceñirme con guirnaldas de ángeles,
y para descansarte de vivir sin que puedas decirme
por qué nacen las palabras entre mis labios
como las hojas en la enramada....
por qué te estrecho tanto...
por qué te quiero tanto
que lloraría solamente con quedarme en silencio...
con quedarme callada...
con no poder hablar mientras te miro[9].

---

[9] Luis Rosales. "Retablo de Navidad". En *Poesía. Obras completas*. Vol. 1, 19-20. Madrid: Editorial Trotta, 1996.

La familia de Jesús le busca: Mc 3, 20-22.31-35

"De vuelta a casa, se aglomeró otra vez la muchedumbre, de modo que no podían comer. Sus parientes, al enterarse, fueron a hacerse cargo de él, pues pensaban que estaba fuera de sí. Los escribas que habían bajado de Jerusalén decían: «Está poseído por Beelzebul» y «por el Príncipe de los demonios expulsa los demonios»."

Llegaron su madre y sus hermanos y, quedándose fuera, mandaron llamarle. Había mucha gente sentada a su alrededor. Le dijeron: «¡Oye!, tu madre, tus hermanos y tus hermanas están fuera y te buscan» Él les respondió: «¿Quién es mi madre y mis hermanos?» Y, mirando a los que estaban sentados en corro, a su alrededor, dijo: «Estos son mi madre y mis hermanos, pues quien cumpla la voluntad de Dios, ése es mi hermano, mi hermana y mi madre»."

INTRODUCCIÓN

Comienza la vida pública de Jesús y la situación para María no es fácil. Surgen comentarios y críticas hacia su Hijo. Se le consideraba en algunos círculos como endemoniado o loco. Parece que su propia familia no comprendía su comportamiento. María sufre, pero no se rebela. Ante la probable insistencia de su familia, ella los acompaña a buscar a Jesús. Sin embargo, Jesús, al igual que en la escena del niño perdido y hallado en el Templo, reafirma la prioridad de su misión. María, ante las palabras de su Hijo se dará cuenta de que la maternidad física no es lo importante, sino la fe con la que acoge la voluntad de Dios. Se refuerza aquí una vez más, la libertad de Jesús respecto a sus vínculos biológicos.

PUNTOS

- En un primer momento: pedir la gracia de entrar en el Corazón Inmaculado de María y acompañarla en estas vivencias, con los cinco sentidos, comprender cómo **su Hijo la lleva al Padre, por el Espíritu Santo**, a través del DESPRENDIMIENTO de lo que pudiera corresponderle como madre biológica. El corazón de María se amplía afectivamente. La unión con el Padre, a través del Espíritu Santo, se va fortaleciendo a medida que va conociendo y aceptando la libertad de su Hijo. La LIBERTAD del Hijo desvela su persona, su comunión con el Padre.

- En un segundo momento: pedir la gracia de introducirse en el amor que María siente por Jesús y su sufrimiento ante el rechazo de los hombres hacia su Hijo. La maternidad de María madura en su sufrimiento.
- En un tercer momento: pedir la gracia de poder sentir el amor de María hacia mí, especialmente en situaciones de rechazo e incomprensión. Elegir una situación concreta y sentir la compañía suave y tierna de María, en ese momento, dejándome purificar también en mis afectos.
- En un cuarto momento: pedir la gracia de sentir la compañía de María en mi etapa de juventud, ofreciendo especialmente mis dificultades afectivas en esta etapa. Elegir un momento concreto de esta etapa y dejarme acompañar por ella.
- Al finalizar, dar gracias al Señor por nuestra madre y recogida ¿qué me ha dicho el Señor con esta meditación?.

INTRODUCCIÓN PARA EL QUINTO DÍA

El evangelio de San Juan trasciende la realidad de las cosas, las transfigura.

Para Juan, María es una figura simbólica, a la que ve simultáneamente como madre de Jesús y madre de la Iglesia.

Lo que en el evangelio se nos diga sobre la figura de María solo lo entenderemos de forma adecuada si lo conectamos con el misterio de Cristo, de hecho, en este evangelio, en ningún momento se llama a María por su nombre de pila, sino como la madre de Jesús o como mujer.

Las dos escenas que se meditan durante este día son en realidad la misma escena.

La primera escena constituye un anuncio. La segunda constituye la plenitud de cumplimiento de ese anuncio.

El Señor no se conforma con darnos lo que necesitamos en concreto, el vino, sino que quiere demostrar su amor de la forma más plena, dándose Él mismo, con su sangre. Así vemos que no actúa como un conseguidor o un mago, sino como un amante.

Sólo por su entrega en el misterio de la Cruz sabemos que Él nos ama y cómo nos ama. Este paso es el que marca el Evangelio de San Juan con la evolución que se da entre ambos pasajes.

Jesús ve que los signos no son suficiente y se da por entero. Es un proceso cronológico que marca su desarrollo interior de cara a expresar y comunicar un amor mayor, marcado reflejo de la acción del Espíritu Santo sobre su humanidad.

Jesús mismo, como hombre, no controla su proceso interno, sino que se deja hacer por el Padre. Los acontecimientos de su historia personal, permitidos por el Padre, le llevan al crecimiento en la entrega, a través del sufrimiento. Ambos, Padre e Hijo, quieren ofrecer a los hombres el vino que pide María.

A Jesús ya solo le colmará el hecho de entregarse por completo.

QUINTO DÍA

PRIMERA MEDITACIÓN (POR LA MAÑANA)

Las bodas de Caná: Jn 2, 1-11

"Tres días después se celebraba una boda en Caná de Galilea, y estaba allí la madre de Jesús. Fueron invitados también a la boda Jesús y sus discípulos. Al quedarse sin vino, por haberse acabado el de la boda, le dijo a Jesús su madre: «No tienen vino» Jesús le respondió: «¿Qué quieres de mí, mujer? Todavía no ha llegado mi hora.» Pero su madre dijo a los sirvientes: «Haced lo que él os diga.» Había allí seis tinajas de piedra, destinadas a las purificaciones de los judíos, de dos o tres medidas cada una. Jesús les dijo: «Llenad las tinajas de agua.» Ellos las llenaron hasta arriba. «Sacadlo ahora

-les dijo- y llevadlo al maestresala.» Ellos lo llevaron. Cuando el maestresala probó el agua convertida en vino, como ignoraba de dónde era (los

sirvientes, los que habían sacado el agua, sí que lo sabían), llamó al novio y le dijo: «Todos sirven primero el vino bueno, y cuando ya están bebidos, el inferior. Tú, en cambio, has reservado el vino bueno hasta ahora.» Este fue el comienzo de los signos que realizó Jesús en Caná de Galilea; así manifestó su gloria y creyeron en él sus discípulos."

INTRODUCCIÓN

Este evangelio se sitúa en la primera semana del ministerio público de Jesús. Caná está muy cercano a Nazaret, a hora y media caminando. Los invitados se conocerían entre sí probablemente desde niños. Se trataría de una boda de gente humilde y cercana. Aparece aquí la primera intervención directa de María: «*No tienen vino*». En la mente del evangelista se conjuga el plano histórico y el teológico.

Tras este primer signo, algunos discípulos empiezan a creer. Con su fe, María alumbra el nacimiento de la comunidad que sigue a Jesús, de la Iglesia. María se anuncia aquí como madre de la Iglesia en la Nueva Alianza.

Se trata, además, de una manifestación incoada de todo el misterio de Jesús. María, como nueva Eva y como madre de todos los hombres, introduce por su petición el anuncio simbólico de la Nueva Creación a través de la Pasión y Resurrección de su Hijo. María será en la cruz consecuente con su petición. El deseo maternal de María: "*No tienen vino*", queda misteriosamente vinculado por Jesús, a su esponsalidad al llamarla mujer.

PUNTOS

- En un primer momento: pedir la gracia de entrar en el Corazón Inmaculado de María y acompañarla en estas vivencias, con los cinco sentidos. Ver cómo a María le mueve un amor concreto en la sencillez de la escena, pero su maternidad universal está ya anunciada aquí. Ese amor encontrará su plenitud a los pies de la cruz, y se concretará en el inicio de la Iglesia. María, al pedir el vino, se alinea con **el deseo de Dios Padre y el de su propio Hijo, en unión con el Espíritu Santo.**

  Detenerme en observar el estilo de comunicación de María con su Hijo, como reflejo de su relación con Él. Su primera frase directa: «No tienen vino» sólo es una descripción que deja abierta la puerta a una acción, que no fuerza, ya que no se trata de una petición expresa. Es a su vez, una observación fruto de la mirada maternal de María.
- En un segundo momento: pedir la gracia de sentir el amor de María hacia su Hijo en esta escena, de conocer algo más de su relación con Él. Tomar a María como modelo de oración.
- En un tercer momento: pedir la gracia de sentir el amor de María hacia mí, por quien ha donado a su Hijo, en mi madurez.

- En un cuarto momento: Elegir algún momento especialmente difícil de esta etapa de madurez y dejarme acompañar por ella.
- Al finalizar, dar gracias al Señor por nuestra madre y recogida ¿qué me ha dicho el Señor con esta meditación?

SEGUNDA MEDITACIÓN
(POR LA TARDE)

SÚPLICA FINAL A LA VIRGEN DEL ALMA ARREPENTIDA

Vuelvo a la selva del amor nativo
y arrodillado ante mi sangre, muerto
siento volar la arena en el desierto
del corazón efímero y cautivo.

Sólo en la angustia permanezco y vivo
sintiendo entre mi carne un bosque abierto
donde queda el redrojo al descubierto
con el paso del tiempo fugitivo.

De vivir descansando en la agonía
tengo rota la sangre y sin latido,
la soledad desenclavada y yerma,

¡ciega el cristal de la memoria mía
y acuna en tu regazo al tiempo herido
para que duerma, al fin, para que duerma![10]

---

[10] Luis Rosales. "Retablo de Navidad". En *Poesía. Obras completas*. Vol 1, 32. Madrid: Editorial Trotta, 1996

María de pie ante la Cruz: Jn 19, 25-27

"Junto a la cruz de Jesús estaban su madre y la hermana de su madre, María, mujer de Cleofás, y María Magdalena. Jesús, viendo a su madre y junto a ella al discípulo a quien amaba, dijo a su madre: «Mujer, ahí tienes a tu hijo». Luego dijo al discípulo: «Ahí tienes a tu madre». Y desde aquella hora el discípulo la acogió en su casa."

INTRODUCCIÓN

Este evangelio se sitúa en la última semana del ministerio público de Jesús y constituye la manifestación plena de su identidad mesiánica, que da a luz un nuevo pueblo, en la plenitud de la manifestación de su gloria.

Es el momento en el que se revela el misterio de la madre de Jesús: María como nueva Eva, es la nueva mujer y esposa, y por eso se convertirá, tras las palabras de Jesús, en madre de todos los hombres, figura de la Iglesia.

Es también, probablemente, el momento donde la espada atraviesa con mayor intensidad el alma de María. La sangre y el agua también renuevan a María, en la que culmina el proceso de desprendimiento en su corazón con el sacrificio de su

Hijo. El «*HÁGASE*» de María se completa en este momento, de manera paralela a la plenitud de su maternidad, que pasa a ser universal. El Señor hace partícipe a María de la maternidad perfecta, ejercida hacia cada uno de nosotros. Se cumple el anhelo de Jesús, su sed profunda: el cumplimiento de la voluntad del Padre con la constitución de la Iglesia, en la que su madre ocupa un lugar central de carácter maternal.

PUNTOS

- En un primer momento: pedir la gracia de entrar en el Corazón Inmaculado de María y acompañarla en estas vivencias, con los cinco sentidos. Entrar en el combate librado en el corazón de María desde la escena de Getsemaní, en íntima unión con su Hijo en su Pasión. Entrar en el abandono en la voluntad del Padre a los pies de la Cruz y en su sufrimiento. María entrega sin entender. Prioriza la salvación de los hombres a la vida de su propio Hijo.

  Escuchar como resuenan en mi corazón las palabras «...y desde entonces el discípulo la recibió en su casa». Como discípulo acojo a María en mi corazón. Acogiendo a María acojo la fe. Recibir a María como madre propia, como alguien que pertenece a mi propia casa, a mi propio ser, que es de natural mi madre y como tal, me constituye.

- En un segundo momento: pedir la gracia de sentir el amor con el que María **dona en totalidad a su Hijo a la voluntad del Padre por el Espíritu Santo**. Cómo el amor sobrepasa al dolor en este momento, la vida es más fuerte que la muerte. Detenerme en la importancia del desprendimiento. **En la medida en la que María es desprendida, su amor es verdadero y eficaz**.
- En un tercer momento: pedir la gracia de sentir el amor de María hacia mí en mis muertes de cada día: fracasos, decepciones, incomprensiones, enfermedades, sufrimientos, elegir una y sentirme acompañada por ella.
- En un cuarto momento: Sentir (aunque sea por anticipado) su compañía en mi proceso de vejez, antesala de mi plenitud, y a la hora de mi muerte, imaginarme acompañado/a de María en ese momento, con el deseo de llevarme hacia su Hijo.
- Al finalizar, dar gracias al Señor por nuestra madre y recogida ¿qué me ha dicho el Señor con esta meditación?.

SEXTO DÍA

SIÓN, MADRE DE LOS PUEBLOS

"¡Está enclavada entre santos montes!
Prefiere Yahvé las puertas de Sión
a todas las moradas de Jacob.

Maravillas se dicen de ti,
ciudad de Dios:
"Yo cuento a Rahab y a Babel
Entre los que me conocen.
Filisteos, tirios y etíopes
han nacido allí."

Pero de Sión se ha de decir:
"Todos han nacido en ella",
La ha fundado el propio Altísimo.
Yahvé escribirá en el registro de los pueblos:
"Fulano nació allí",
y los príncipes, lo mismo que los hijos,
todos ponen su morada en ti."

(Salmo 87)

PRIMERA MEDITACIÓN
(POR LA MAÑANA)

María en el Cenáculo: Hch 1, 12-14

"Entonces se volvieron a Jerusalén desde el monte llamado de los Olivos, que dista de Jerusalén el equivalente a un paseo permitido en sábado. Cuando llegaron, subieron a la estancia superior, donde vivían. Eran Pedro y Juan, Santiago y Andrés, Felipe y Tomás, Bartolomé y Mateo, Santiago el de Alfeo, Simón el Zelota y Judas de Santiago. Todos ellos perseveraban en la oración, con un mismo espíritu, en compañía de algunas mujeres, de María la madre de Jesús y de sus hermanos."

INTRODUCCIÓN

Nos encontramos en los momentos posteriores a la Ascensión, pero previos a Pentecostés. La Iglesia está a la espera del Espíritu. Como hemos visto en el Evangelio de San Juan, María colabora por su fe y su maternidad espiritual en el alumbramiento de la comunidad que sigue a Jesús. Lucas llama a María por su nombre, destacando su presencia en medio de la Iglesia naciente. María continúa sosteniendo el alumbramiento de la Iglesia como figura decisiva en la reconstrucción del grupo, tras la muerte de Jesús. María une, reúne, aglutina a los suyos como una madre. Mantiene esa unión a través de su propia unión con Cristo, que se pone de manifiesto de forma esencial en la oración. Su Corazón Inmaculado ha sido perfeccionado en el Amor y esto hace posible la mayor unión con su Hijo, en esto va por delante de los discípulos.

Así María colabora en el perfeccionamiento de la obra de Cristo, acompañando a la comunidad eclesial estrechamente desde su inicio, en los momentos más duros. La vida de fe que trasmite María a los discípulos no se reduce al cumplimiento de unos compromisos, si no que enseña a la persona a recibir en todo momento el don del Espíritu. María mantiene desde el inicio la cercanía propia de una madre con la Iglesia, una cercanía que nunca abandonará.

PUNTOS

- En un primer momento: pedir la gracia de entrar en el Corazón Inmaculado de María y acompañarla en esos momentos, con los cinco sentidos. **Meditar en la especial relación de María con el Espíritu**. Imaginar cómo María implora, con sus ruegos, el don del Espíritu, que ella ya conocía. Desde su Corazón Inmaculado, entrar en el deseo de que el Espíritu sostenga la Comunidad por la que su Hijo ha dado la vida. Ver cómo la Iglesia es el cuerpo de Cristo, y cómo el cuerpo del Hijo crece con el cuidado de la madre.

- En un segundo momento: pedir la gracia de entrar en el anhelo de unión con Cristo como María lo anhela en este momento. Disponerme a recibir el Espíritu. Compartir con María la fuerza de ese deseo.
- En un tercer momento: pedir la gracia de sentir el amor que ella siente hacia mi comunidad, familia o grupo cristiano.
- En un cuarto momento: Elegir una dificultad que esté viviendo en mi comunidad, familia o grupo cristiano y dejarme acompañar y aconsejar por María.
- Al finalizar, dar gracias al Señor por nuestra madre y recogida ¿qué me ha dicho el Señor con esta meditación?.

SEGUNDA MEDITACIÓN
(POR LA TARDE)

CUENTECILLO INGENUO

Bajo la noche de Oriente,
con estrellas en racimos,
la Virgen sube al terrado
con su Niño.

Frente a la luna redonda
dormita en su tiesto un lirio,
plegados en el silencio
los seis pétalos finísimos.
Va a enseñar la Virgen Madre
a orar al Hijo Divino...

Ella se puso de hinojos,
postrose a su lado el Niño.
"¡Mira, Jesús, -le murmura-
Enlaza así tus deditos!"

El Niño enlazó obediente
diez rayos de luna. El Niño
mira a su Madre. La Virgen
sonríe y dice: "Hijo mío,
eleva al cielo tus ojos."

El Niño sigue mirando a su Madre
con sus ojuelos divinos...

Ella, que aguarda amorosa, sonríe:
"No me has oído.
Te estaba, Jesús, diciendo,
que al cielo mires, mi Niño"

El Pequeñín sigue inmóvil
mirándola de continuo.
Se turba al punto María,
y dice muy bajo al Niño:
"Oh, Jesús!...¿Desobedeces?
¿Cómo es posible, Dios mío?"

"¡Jamás!" exclama el Pequeño,
y con acento divino:
"¿No dices que al cielo mire?
¡Mi cielo eres tú!"-le dijo.

¡Abrió la Virgen los brazos,
echose en su seno al Niño,
y el beso fue tan sonoro
que abriose asombrado el lirio![11]

[11] Juan Alberto de los Cármenes. *Inédita Ternura*. Editorial de Espiritualidad, 1955, 53.

La plenitud de María: Ap. 12, 1.5

"Apareció en el cielo un signo sorprendente: una Mujer vestida de sol, con la luna bajo sus pies y tocada con una corona de doce estrellas.

La Mujer dio a luz un Hijo varón, el que ha de regir a todas las naciones con cetro de hierro. Pero su hijo fue arrebatado y llevado hasta Dios y su trono."

INTRODUCCIÓN

María comparte la victoria de su Hijo. Aparece con un aspecto fascinante. El estar vestida de sol representa su singular relación con Dios. La luna hace referencia al paso del tiempo, a la debilidad. Estar por encima de la luna es integrar el tiempo y la debilidad en la fuerza del Amor de Dios, y estar así por encima del tiempo y de cualquier debilidad. La corona se refiere al triunfo de los mártires. Se recalca la fuerza y autoridad de María en esta escena, conectada con CT 6,10 «¿Quién es ésta que surge cual la aurora, bella como la luna, refulgente como el sol, imponente como batallones?»."

PUNTOS

- En un primer momento: pedir la gracia de entrar en el Corazón Inmaculado de María y acompañarla en su plenitud, con los cinco sentidos. Entrar en la plenitud de María y su autoridad frente al mal, en el poder de la sencillez con la que ha vivido su vida, en su fortaleza en el dejarse hacer. Como instrumento en sus manos, el Espíritu la ha llevado a su plenitud.
- En un segundo momento: pedir la gracia de entrar en el Corazón Inmaculado de María para conocer algo de la relación de María con Cristo en su plenitud, a través de la cuál es Reina del Universo.
- En un tercer momento: pedir la gracia de entrar en el Corazón Inmaculado de María para sentir su deseo de llevarme a esa plenitud de relación con ella y con su Hijo. Centrarme en la seguridad que me trasmite la fortaleza de mi madre.
- En un cuarto momento: aprender a mirar mi vida hoy, mi momento presente a la luz del cielo que me espera junto a María, ese cielo que ha pasado por la muerte.
- Al finalizar, dar gracias al Señor por nuestra madre y recogida ¿qué me ha dicho el Señor con esta meditación?

SÉPTIMO DÍA

DE CÓMO VINO AL MUNDO LA ORACIÓN

De lirio de oración, de espuma herida
por el paso del alba silenciosa;
de carne sin pecado en la gozosa
contemplación del niño sorprendida;

de nieve que detiene su caída
sobre la paja que al Señor desposa;
de sangre en asunción junto a la rosa
del virginal regazo desprendida;

de mirar levantado hacia la altura
como una fuente con el agua helada
donde el gozo encontró recogimiento;

de manos que juntaron su hermosura
para calmar, en la extensión nevada,
su angustia al hombre y su abandono al viento[12].

[12] Luis Rosales. "Retablo de Navidad". En *Poesía. Obras completas*. Vol. 1, 13. Madrid: Editorial Trotta, 1996.

SIÓN, MONTE DE DIOS

¡Grande es Yahvé y muy digno de alabanza!
En la ciudad de nuestro Dios
está su monte santo,
hermosa colina,
alegría de toda la tierra.
El monte Sión, confín del Norte,
la ciudad del Gran Rey:
Dios, desde sus palacios,
se revela como baluarte.

De pronto los reyes se alían,
irrumpen todos a una;
apenas lo ven, estupefactos,
aterrados, huyen en tropel.
Allí un temblor los invadió,
espasmos como de parturienta,
como el viento del este que destroza
los navíos de Tarsis.

Lo que habíamos oído lo hemos visto
en la ciudad de Yahvé Sebaot,
en la ciudad misma de nuestro Dios,
que Dios afirmó para siempre.

Tu amor, oh Dios, evocamos
en medio de tu templo;
como tu fama, oh Dios, tu alabanza
alcanza los confines de la tierra.

Tu diestra rebosa justicia,
el monte Sión se regocija,
exultan las ciudades de Judá
a causa de tus juicios.

Dad vueltas en torno a Sión,
contad sus torres;
prestad atención a sus murallas,
visitad sus palacios;
para decir a la próxima generación:
Este es Dios,
nuestro Dios por los siglos,
nuestro guía para siempre.
(Salmo 47)

MEDITACIÓN
(POR LA MAÑANA)

¿Quién es ahora María para mí?

INTRODUCCIÓN

Se trata de un día para recoger y comenzar a degustar los frutos de las meditaciones, sin prisa, me detendré en los momentos de mayor regalo del Señor a lo largo de estos días.

PUNTOS

- En un primer momento: retomar las experiencias en las que he sentido una mayor unión con mi madre o la he conocido mejor.
- En un segundo momento: retomar los momentos en los que he sentido una mayor unión con Cristo o le he conocido mejor.
- En un tercer momento: a la luz de lo vivido esta semana, qué aspectos concretos señala la mirada maternal de María en mí, para que sean transformados por la fuerza del Espíritu.

- En un cuarto momento: agradecer al Padre y a Nuestro Señor Jesucristo el regalo de la madre y los favores recibidos.

Ermita de Olatz a 8 de septiembre de 2023,
fiesta de la natividad de María.

DIRECTORIO

Las pautas generales se entregarán al inicio de las meditaciones.

COMENTARIOS AL OBJETIVO GENERAL

Todo lo vivido tiene el potencial de acercarme a Dios. Con mucha frecuencia juzgamos las cosas que nos suceden como buenas o malas, sin embargo, siguiendo la carta de San Pablo a los Romanos «Por lo demás, sabemos que en todas las cosas interviene Dios para bien de los que le aman». (Rm 8, 28a), desde aquí podemos ver, con los ojos de la fe, que también nuestras heridas, y especialmente ellas, tienen el potencial de acercarnos a Cristo. Él es el que transforma la Cruz en Gloria. Esta es una de las verdades espirituales en las que se asientan estas meditaciones. Podremos así recorrer sin miedo nuestras heridas de la mano de María.

El objetivo central de estas meditaciones no es el de sanar heridas, sino el de fortalecer nuestro vínculo con María, precisamente a través de reconocer su presencia en los momentos difíciles de nuestra vida. En algunos casos, una única herida recorrerá de forma transversal todas las meditaciones.

Estas meditaciones no plantean nada nuevo, Jesucristo es el mismo ayer, hoy y siempre. Lo que aportan es una forma vivencial de adherirnos a su Verdad. La Tradición nunca ha sido inmóvil.

COMENTARIOS A LA PRIMERA MEDITACIÓN

Además de explicar los puntos, dar las pautas de tiempo. Aunque el tiempo de meditación es libre, se aconseja dedicar al menos media hora por punto de cada meditación y dejarla por escrito. No es necesario meditar todos los puntos, lo deseable es degustar el tiempo necesario el punto que el Señor nos va indicando.

Estamos acostumbrados a vivir a María en fe, en silencio, en lo escondido, a que no se muestre, a que esté siempre oculta o a no pensar demasiado en su presencia en el día a día. Sin embargo, **el amor es cercanía,** quien ama, desea estar cerca de la persona amada. El corazón de María alberga el deseo de acompañar a cada uno de sus hijos, para conducirnos a su Hijo y que lleguemos al Padre. En esta verdad están también basadas estas meditaciones. Nos acercaremos a María en su humanidad, intentando no idealizar su persona, para disminuir así la distancia, sin dejar de reconocerla como la criatura más perfecta. Evitar la idealización nos ayudará también a evitar problemas de relación con las personas cercanas.

Establecemos el vínculo con una persona inmaculada, en la que no tuvo efecto el pecado. Hablamos de una persona excepcionalmente equilibrada también desde el punto de vista psicológico. María nunca concentra la atención, no habla de ella. María siempre remite al Otro, solo Dios es importante. La palabra central en el vocabulario de María, que hasta cierto punto la define, es su «*Hágase*», reflejo de su carácter oblativo.

"Con gozo me gozaré en Yahvé, exulta mi alma en mi Dios, porque me ha revestido de ropas de salvación, en manto de justicia me ha envuelto como el esposo se pone una diadema, como la novia se adorna con aderezos" (Isaías 61, 10)

COMENTARIOS A LA MEDITACIÓN DE LA ANUNCIACIÓN: Lc 1, 26-38

Hacer especial hincapié en «concebirás en tu seno y darás a luz a un hijo» y en la respuesta de María «he aquí la esclava del Señor, **hágase** en mí según tu palabra». María comienza a ser madre. El Fiat de María que mantendrá a lo largo de toda su vida y le permitirá portar la Maternidad de Dios.

Admirarse de la libertad de María en este momento tan temprano de su vida. María, después de vivir este misterio, queda en silencio.

Estamos ante el Misterio, que es Misterio no por lo oscuro, sino por el exceso de luz. María está siempre acompañada por el Espíritu, a Quien recibe en la Anunciación de forma sustancial, no en sus efectos. Esta presencia del Espíritu cuando aparece María lo vemos en la Visitación, a través de la aclamación de Isabel; en la Presentación, a través de Simeón y Ana, etc. No se trata de elegir entre un vínculo profundo con el Señor o con María, hablamos en realidad de un mismo vínculo, de una única entrega.

Para ahondar en la relación trinitaria de María, tener en cuenta que: María es ACOGIDA de la iniciativa del Padre, FE en la persona del Hijo que va a nacer y ENTREGA total de toda su persona a la obra del Espíritu Santo. Durante los meses de la gestación, en el interior de María se dan las relaciones intratrinitarias. El amor incondicional de María es trasparencia del Amor incondicional del Padre. De alguna manera misteriosa, toda nuestra carne y nuestra sangre se ha renovado en el seno de María.

"Aquí, durante estos nueve meses, todo se paralizó; y «en» María y «con» María, todo se identificó: el tiempo, el espacio, la eternidad, la palabra, la música, el silencio, la Madre, Dios. Todo quedó asumido y divinizado. El Verbo se hizo carne"[13]

Tenemos mucha necesidad de descubrir que el Amor del Padre es el fundamento de nuestra vida, pero el amor de María es también necesario, así lo ha querido Jesús cuando dice: «Ahí tienes a tu madre». Es un vínculo que se ha fraguado entre María y cada uno de nosotros. Antes de que lo supiéramos, María ya estaba entregándose por nosotros con un amor incondicional.

María responde a las palabras del ángel, meditando en su corazón. Comienza el proceso de desprendimiento de lo que hasta entonces era su vida. Su corazón se ensancha para acoger la nueva Vida que se gesta en su interior. La esencia de María es la maternidad. Dios Padre la pensó desde toda la eternidad sobre todo como madre. Antes de concebir, había en el corazón de María ya actitudes de madre, actitudes oblativas, de darse, de no ser la primera, de donarse.

Para el segundo momento de la meditación, tener en cuenta que María conocía, tanto el salmo 139, como la profecía de Jeremías o los libros de los Macabeos, o bien directamente, o bien a través de la cultura de su pueblo. Esta conciencia de la presencia del Señor en el proceso de gestación, la

---

[13] Ignacio Larrañaga. *El silencio de María*. Madrid: San Pablo, 2008, 151.

ayudaría a vivirlo de una manera profunda, **tanto en el plano físico como en el espiritual**:

"Me dirigió Yahvé la palabra en estos términos:« Antes de haberte formado yo en el vientre, te conocía; antes que nacieses, te había consagrado yo profeta; te tenía destinado a las naciones»" (Jeremías 1,4s)

"Yo no sé cómo aparecisteis en mis entrañas, ni fui yo quien os regaló el espíritu y la vida, ni tampoco organicé yo los elementos de cada uno" (Libro segundo de los Macabeos 7,22)

En el tercer momento tener en cuenta cómo mi concepción se ha producido en el segundo exacto para que se diera mi ser, y no el de ninguna otra persona. El Señor y María, me deseaban a mí en concreto. He sido querido/a tal y como soy, cada detalle de mi cuerpo y mi alma han sido tallados de forma específica, a través de la genética de mis padres, que se ha unido en el momento preciso y exacto para que fuera yo la persona que naciera, y no otra. Esta exactitud se lleva también a la Creación y a la Historia, todo lo que ocurre confluye en el bien de los que aman a Dios. En el momento de mi concepción, va a brillar su misericordia y su amor en medio del caos, tal y como el Señor ordenó también la Creación.

COMENTARIOS A LA MEDITACIÓN DE LA VISITACIÓN: Lc 1, 39-56

La independencia crece a medida que aumenta la dependencia del Padre, ella es la esclava del Señor. Solo una mujer que se siente tan querida por el Padre puede vivir esa independencia, lanzarse al mundo. El vínculo espiritual cumple las mismas leyes que el vínculo humano. Nacemos con la finalidad de vincular para llegar a amar. En nuestras primeras etapas no podemos elegir con quien vinculamos ni cómo vinculamos, lo hacemos con quien podemos y cómo podemos, pero más adelante, todos los vínculos pueden purificarse en el Señor, a medida que Él se va convirtiendo en nuestro vínculo central. Así se va dando un proceso de independencia y madurez afectiva.

Independencia no es individualismo ni egoísmo.

No solo se puede ser dependiente de personas, sino también de cosas. Sin darnos cuenta, esas personas o esas cosas, se van adueñando de mí. No se trata de ser independiente sin más, sino de tener el corazón en el Señor y moverme desde ahí. Cuando nuestro vínculo principal no está en el Padre y en María, ese vínculo se vuelve en algún grado dependiente. Sin embargo, la dependencia del Señor nos hace libres. Hace falta reconocer que Dios nos visita para ser liberados. María nos trae esa visita de Dios. Ella es libre por su dependencia radical del Padre.

El amor de Dios Padre no es una línea paralela a la línea del amor de María, sino que, el Amor del Padre no puede sino pasar por María.

Isabel recalca que la maternidad de María es en primer lugar espiritual. Ella comienza a gestar por la fe. Nosotros somos el objeto de los sueños de María, ella deposita en nosotros su deseo y su esperanza como madre de que seamos santos, de que vayamos al Padre. María ha creído en la misión que Dios me ha confiado.

COMENTARIOS A LA MEDITACIÓN DEL NACIMIENTO: Lc 2, 1-7

La kénosis es el vaciamiento de la propia voluntad para llegar a ser completamente receptivo a la voluntad de Dios. Cuando hablamos de kénosis, nos referimos a un proceso espiritual y psicológico de descendimiento, en el que nos unimos al Señor y nos desprendemos de algo que para nosotros ha sido valioso, algo que nosotros hemos valorado, pero que no nos acerca en este momento al Señor, sino que nos oscurece la relación con Él.

Este proceso de descendimiento es un regalo del Señor para nuestra vida espiritual, ya que solo descendiendo podemos atisbar la realidad de lo que somos, para podernos unir, desde esta verdad, más al Señor. La kénosis está relacionada con el desprendimiento y su resultado es una mayor libertad y unión con el Señor.

San Justino se refiere a la cueva donde ha nacido el Señor como la cueva de la **inocencia**, afirma que el Mesías tenía que nacer en una cueva porque lo ha profetizado Isaías: "*Oíd los alejados, lo que he hecho; enteraos, los cercanos, de mi fuerza. Se espantaron en Sión los pecadores, paralizó un temblor a los impíos: « ¿quién de nosotros podrá habitar en medio de un fuego devorador? ¿quién de nosotros podrá habitar en medio de brasas eternas?» El que camina en justicia, el que se pronuncia con rectitud; el que rehúsa ganancias fraudulentas, el que se sacude la mano para no aceptar el soborno, el que se tapa las orejas para no oír hablar de crímenes, y cierra sus ojos para no imitar el mal. Ése morará en las alturas, se refugiará en un* **baluarte rocoso**, *recibirá su pan y tendrá agua segura*"

(Is 33, 13-16)

Esta cueva que dibuja Isaías es la cueva donde solo puede estar el que es inocente, porque es una hoguera perpetua, es como si el portal de Belén solo tolerase la inocencia. Recibirá su pan y tendrá agua segura, aludiendo al Hijo y al Espíritu.

"Hacerse cristiano significa entrar en el misterio del nuevo nacimiento de Cristo, nacer de nuevo participando en Su nacimiento...El nuevo nacimiento cristiano es posible debido a que ha tenido lugar de forma real en Jesús y así se ha convertido en posibilidad para todos nosotros." [14]

En el cuarto momento de la meditación, cuando se habla de posibles dificultades relacionadas con mi nacimiento o con su entorno, el entorno se refiere a la postura que adoptan los demás acerca de mi nacimiento, por ejemplo, si nací con algún defecto que alguien no aceptó, si mi padre o mi madre deseaban un niño y yo soy una niña, etc.

COMENTARIOS A LA MEDITACIÓN DE LA PRESENTACIÓN DE JESÚS EN EL TEMPLO: Lc 2, 22-35

En el tercer momento, sentir cómo, en el instante de ser presentado al Señor, entre las manos de María y mi cuerpo, no hay nada. Sentir con qué reverencia coge María mi persona y la ofrece al Padre. Darme cuenta de que lo que mi persona está llamada a ser, no se rige por los actos concretos o por la profesión que desempeño o los cargos que desarrollo, sino que mi vocación es la de volver al

---

[14] Joseph Ratzinger. Benedicto XVI. *La Hija de Sión. Meditaciones sobre los dogmas marianos de la fe de la Iglesia*. Ed: Saint John Publications, 2022, 43-44.

Padre. Las personas que nos encontramos en nuestro camino, que como Simeón, reconocen nuestra verdadera vocación, son personas con las que solemos establecer un vínculo profundo, por medio del Espíritu, en orden a cumplir esa vocación.

En el cuarto momento: por primera vez nos ocupamos de una etapa dilatada en el tiempo, de la que escogeremos un momento concreto para compartir con ella. No se trata solamente de ofrecer ese momento, ni de imaginar la presencia de María, sino de **darme cuenta de que mi madre estuvo conmigo**, aunque hasta ahora no lo haya sabido reconocer o me cueste mucho ver el amor en mi historia. Sabemos por fe, que María es Madre y que Dios es Padre y que no se alejan de nosotros, que hasta los cabellos de nuestra cabeza están contados. Comenzar a reconocer el Amor en esta etapa de infancia en cada uno de los momentos difíciles, nos va a permitir abrir la puerta a esta maternidad concreta que María desea. ¿Qué haría María conmigo en ese momento? ¿Me miraría con ternura? ¿Me diría: «mira yo estoy contigo, pero quizá tengas que aprender algo»? ¿Simplemente me arroparía? ¿Con una sola mirada me trasmitiría el convencimiento de que estoy bien hecho/a y esto son cosas que pasan?

En todo momento me trasmitirá su cercanía, su amor incondicional y mi trascendencia, me recordará mi vocación, mi llamada para volver al Padre. Ella me ayuda a identificar quién soy en realidad y a qué grandeza estoy llamado/a. La oración en este cuarto momento puede incluir lo que es consciente y lo que aún no lo es.

COMENTARIOS A LA MEDITACIÓN DEL NIÑO JESÚS PERDIDO Y HALLADO EN EL TEMPLO: Lc 2, 41-52

Se vislumbra en esta meditación el estilo de crianza de María. María no es una madre posesiva, sino que tiende a potenciar la libertad de su Hijo, a facilitar el proceso de madurez. Detrás de esta tendencia, intuimos la fe de María, la confianza en el cuidado de Dios Padre, y el reconocimiento de que, el ser madre, implica el retirarse de una forma gradual de ese primer plano en la vida del hijo. El niño "se ha perdido" también porque está educado para tomar sus decisiones. María participa de este dinamismo de Dios que es gracia y libertad. María nos deja libres, nos ayuda a crecer. María está asociada al Misterio Trinitario, participando de ese mundo de libertad y amor. Vincularnos a ella no va a generar ninguna dependencia, sino más bien la trasmisión de esa libertad y ese amor. Va a jerarquizar nuestro corazón y evitar el desorden.

La familia es un valor fundamental en el pueblo de Israel, que un hijo "se vaya" se consideraba un gran desprecio. Esta situación ayuda a María a entrar en el Misterio. María subordina la comprensión de las cosas a la aceptación, y así las va comprendiendo cada vez más. Cuando uno quiere comprender las cosas a toda costa, termina no comprendiendo. Cuando uno acepta las cosas con docilidad al Espíritu, se dispone para comprenderlas más. Dilatamos el corazón, no la inteligencia. La clave de la vida de María no está en comprender todas las cosas, sino en acogerlas, como parte de la voluntad de Dios.

Tantas veces en nuestras vidas se dan situaciones de pérdida o abandono, a veces temporales, otras veces definitivas. El dolor de la pérdida de una persona a la que se quiere es siempre profundo. Cuando se trata de un abandono, a ese dolor se suma la punzante pregunta del porqué. A ejemplo de María, aceptemos primero, y esperemos que el Señor vaya dándonos, en los acontecimientos de nuestra historia, el sentido de la pérdida. Tenemos presente que el otro es un ser libre, porque pertenece a Dios.

Purificar nuestros afectos incluye el ofrecerlos al Señor y que Él disponga. Si es para bien, esa relación se recuperará purificada, en orden al servicio del Reino. Es un proceso de abandono en la voluntad de Dios, para que Él sea realmente el Señor de nuestra vida.

«*Tu padre y yo te estábamos buscando angustiados*» es importante en esta escena. Recordar en nuestra historia los momentos en los que nos hemos perdido y cómo ella nos ha buscado. Conocer esto para agradecer su maternidad y para rogar que nos ayude a cambiar las actitudes inadecuadas que aún estén presentes.

Jesús tiene en la escena 12 años, está en plena adolescencia, etapa en la que uno se busca, de forma sana, para encontrar su lugar en el mundo, para encontrar su identidad propia. Etapa en la que se está llamado a explorar el mundo y a la expansión y relación con los demás, especialmente con "los iguales", los de mi grupo de edad. Esta relación con el otro, junto con mi relación con mis figuras de autoridad y con Dios, van a marcar mi identidad.

Se trata de una etapa también caracterizada por una fortaleza que se cree tener y aún no es tal. Fortaleza que no está consolidada con la prudencia y el verdadero autoconocimiento, la humildad. Aparece en este tiempo la inmadurez propia de quien se cree más de lo que es.

En el camino espiritual esta etapa podría estar reflejada en la recepción de gracias, en ocasiones, extraordinarias por la generosidad del Señor, y que a veces, por la inmadurez de quien las recibe, se consideran importantes. Sin embargo, en muchas ocasiones aún no está asentada la caridad. Se trata, tantas veces, de una etapa previa, donde sin darme cuenta, yo me busco.

COMENTARIOS A LA MEDITACIÓN LA FAMILIA DE JESÚS LE BUSCA: Mc 3, 20-22.31-35

Detenernos especialmente en esta meditación el tiempo que sea necesario. Aprovechar su potencial para reorganizar los vínculos, y para ayudarnos a conquistar o mantener una madurez afectiva.

Las palabras de Jesús en este evangelio: «¿Quién es mi madre y mis hermanos?» «Estos son mi madre y mis hermanos, pues quien cumpla la voluntad de Dios, ése es mi hermano, mi hermana y mi madre» nos indican también el potencial que tiene esta relación con el Señor de llevarnos a la madurez reorganizando los vínculos. Podría tratarse de palabras performativas que están creando un nuevo orden afectivo en el interior del hombre. Desde este nuevo orden se nos estaría concediendo la capacidad de gestar a Cristo.

Esta meditación nos abre una puerta a pensar que el analogado principal, el punto de referencia principal, la fuente real de nuestras relaciones familiares, nos lo ofrece la relación con Dios Padre y con la Iglesia. De hecho, en el Reino de Cristo, la relación con Dios Padre y con la Iglesia, constituirán el vínculo principal.

El dato más originario de mi persona es la paternidad de Dios sobre mí, mucho antes que la de mi padre. Y la maternidad de María sobre mí, mucho antes de la maternidad de mi madre. Solo a esta luz, se construyen vínculos sanos. Aunque la relación entre dos personas sea adecuada, no es suficiente, no es plena, si no se sustenta en el vínculo principal. El vínculo no termina en el padre, la madre o los hermanos. Si fuera así, habría una falta de madurez, un cierto engaño, una falta de crecimiento, de plenitud.

Las relaciones que nos constituyen a un nivel profundo no son las familiares biológicas. Hay una relación original que es la de Dios Padre Creador, con cada uno de los hombres. Dios es el Padre absoluto. Es Dios, quien le regala a María su participación en la maternidad universal, que solo Él posee en plenitud. De aquí sale todo un mundo de referencias nuevo: Dios como Padre, María como Madre, los hombres como hermanos.

Así, la fe cristiana es una inmersión que ha convertido todos los rincones de la persona, de manera que la persona sigue siendo la misma y a la vez es otra nueva. Esto mismo ocurre también con las palabras, que adoptan significados nuevos, mucho más lúcidos, así ocurre con el significado de las palabras padre, madre, hermano...

Jesús descubre una fraternidad que nace de la Creación y que la Iglesia lleva a plenitud con el bautismo. Como nos dice Gaudium et spes en su número 24: «**Dios que cuida de todos con paterna solicitud, ha querido que los hombres cons-**

tituyan una sola familia y se traten entre sí con espíritu de hermanos».

El Salmo 133 (132) nos habla de la unión fraterna. En él encontramos una referencia a la aceptación de esta verdad en relación con la madurez de la persona.

"¡Mira que es bueno y da gusto
que los hermanos convivan juntos!
Como ungüento fino en la cabeza,
que va bajando por la barba,
que baja por la barba de Aarón,
hasta la orla de sus vestidos..."

(Sal 133, 1-2)

Utiliza aquí la imagen de la barba como símbolo de madurez, ya que para convivir unidos es necesaria esta madurez que nace del reconocimiento del vínculo principal con Dios como Padre, con la Iglesia como Madre.

En este Evangelio vemos, en la aparente dureza de Jesús hacia su madre, como la va conduciendo a un proceso de desprendimiento de los lazos afectivos relacionados con la maternidad biológica, probablemente con el propósito de ampliar su corazón y capacitarla para la maternidad espiritual a la que está llamada.

En el tercer momento, es interesante revisar en las heridas de rechazo e incomprensión, la **sensación de no pertenencia**, de ser menos, de no ser importante o no ser suficiente, de sentirme fuera de la familia o el grupo; y ver si en la actualidad vivo sensaciones similares que me dificultan la vida familiar o en comunidad. Manteniendo la esperanza de que el Espíritu renueve la experiencia de nuestra pertenencia al Señor, y a través de Él, del grupo o familia.

COMENTARIOS A LA MEDITACIÓN DE LAS BODAS DE CANÁ: Jn 2, 1-11

Es importante apreciar que no se puede ser madre en un sentido pleno, sin un amor esponsal. Son misterios articulados. Para ser madre en plenitud, es necesario ser buena esposa. La esponsalidad verdadera no te la da el esposo, te la da Cristo, el sacramento apunta a una realidad definitiva que es la esponsalidad con Cristo. Solo siendo verdadera esposa del Espíritu, María puede ser Madre de Cristo.

La esponsalidad está presente en la relación con Cristo, de forma independiente al estado civil de la persona, sea soltera, casada o consagrada. También por esto no tiene sentido pedir la vida al otro, que el otro me haga feliz, el esposo/a, el novio/a. Al recibir el sacramento del matrimonio, no es mi cónyuge el que me va a hacer feliz o yo a él, sino el hecho de que los dos vivamos en Cristo.

En este evangelio María ya sabe que para Jesús todo es posible, y se limita a hacer una observación, no fuerza la acción. El respeto de María, que va afinándose en su corazón, es aquí especialmente modelo de oración. Cuando dejamos nuestros asuntos en manos de Dios, Él actúa.

Las seis tinajas nos recuerdan que al sexto día, según el relato del Génesis, fue hecho el hombre, y al séptimo descansó. El seis indica pues, los días de la primera creación. Para pasar del sexto día, al séptimo, tiene que mediar la Pascua, mediante la que se realiza una nueva creación. La intercesión maternal de María, rompe los límites estrechos de mi vida, me abre a algo nuevo. Cuando María interviene en mi vida, me proyecta hacia el Reino de los Cielos.

Vemos también en este evangelio cómo desde la sencillez se trasciende, el verdadero poder está en la sencillez. De este vino depende la vida para los hombres, la petición de este vino se realiza de forma sencilla.

María identifica nuestras carencias, en comparación con la plenitud de su Hijo. Descubre en nosotros las carencias de lo que abunda en Jesús, y como buena Madre, no las juzga. Tal y como en este evangelio María descubre la carencia de vino de los esposos, en el tercer momento de la meditación, puede ayudar el saberse rezado por María y preguntarse ¿cuál es su oración por mí?.

Ella que ve mi vida hoy ¿qué carencias descubre? Aprender a rezar con María por mí: ¿qué pide mi Madre por mí?

COMENTARIOS A LA MEDITACIÓN DE MARÍA DE PIE ANTE LA CRUZ: JN 19, 25-27

Esta es la meditación fundante de todas las demás meditaciones, en ella se nos revela a María como nuestra madre.

En esta meditación vemos como Jesús, no nos da cosas, sino que se da a Sí mismo. Gesto de amor supremo. Esto es fundamental también en cuanto al vínculo. Los niños hoy están cargados de cosas, tantas veces los padres suplen su ausencia comprando, cuando el niño lo que anhela realmente no es que sus padres le den cosas, sino que se den ellos mismos, que su padre se dé, que su madre se dé. Tal y como se da también María. En el momento de la Cruz, María se da también en oblación total, esencia de la fidelidad de la criatura. En este momento de desprendimiento extremo, María se convierte en Reina de todo lo creado.

Otra traducción del versículo 27b dice «...y desde entonces el discípulo la recibió como algo propio». En griego la expresión εις τα ιδία (**eis ta idia**), se refiere a lo más personal, lo más esencial, las herencias más valiosas de cada familia, de lo que nunca se desprenderían, por ejemplo, las joyas familiares por generaciones. Se trata de lo más propio, algo que me constituye como discípulo, sin ella, a Juan le faltaría algo para ser discípulo.

Es interesante recordar que éstas, son de las últimas palabras de Jesús en la Cruz, parte de su testamento vital. La maternidad universal de María emerge de la plenitud del misterio pascual del Redentor. En medio de este misterio de re-creación del hombre, la realidad de la maternidad es, también, de alguna forma, re-creada en María como Madre de la Iglesia, madre de cada uno de los hombres, mi madre. En María, de alguna manera, se encarna la maternidad de Dios. De esta forma, no se trata de cambiar a Jesús por Juan, sino de la dilatación de la maternidad de María.

Esta nueva maternidad, nace del amor de Dios, del amor en plenitud de Jesús en el grado total de entrega, y el amor en plenitud de María, mediado por el Espíritu, en su grado más completo de entrega. La unión de los dos corazones en ofrecimiento al Padre.

María engendra, junto con el Espíritu, físicamente a Cristo, cabeza de la Iglesia y posteriormente engendra, también junto con el Espíritu, a la propia Iglesia, el propio Cuerpo de Cristo. Con María, el cuerpo físico de Cristo se convierte en Cuerpo Eclesial. Juan pasa a formar parte del Cuerpo Eclesial de Cristo. A su vez, Juan no tiene aquí un papel pasivo, sino que **será discípulo en la medida en la que acoja a María en su casa, en su interior, como algo propio.**

En el Evangelio, la palabra **mujer** da continuidad a la promesa del Génesis «el linaje de la mujer pisará la cabeza de la serpiente» (Gen. 3,15), con la concesión del vino en Caná «¿qué quieres de mí, mujer?» (Jn 2, 4) y con su cumplimiento: «Mujer, ahí tienes a tu hijo» (Jn 19, 21), en un recorrido completo de la Historia de la Salvación en la que María tiene un papel fundamental, en cuanto mujer, esposa y madre, del Mesías y del pueblo mesiánico.

El cuarto momento de esta meditación tiene el potencial de llevarnos a la reordenación de nuestra vida. Dejarnos acompañar por María en este proceso.

Es bueno destacar en esta meditación la importancia del proceso de **desprendimiento** total en el corazón, de todo aquello que no sea la voluntad del Padre.

COMENTARIOS A LA MEDITACIÓN DE MARÍA EN EL CENÁCULO: Hch 1, 12-14

«Subieron a la planta superior» para algunos teólogos es una referencia a la oración contemplativa, a la unión con el Señor a través de la oración.

Es importante recalcar la importancia de cultivar la actitud de recepción del Espíritu. No se trata de cumplir la norma, sino de esa entrega que busca el Espíritu y que nos lleva a una relación personal con Cristo.

Podemos imaginar que María, en el tiempo transcurrido entre la Ascensión y Pentecostés, ayudase a recomponer la comunidad de los apóstoles, en el sentido de suavizar las heridas provocadas por la incomprensión de la Pasión, la decepción que sufrirían al no entender, la recepción de la noticia de los de Emaús... Quizá acudirían a ella y ella los dispondría maternalmente, curándolos y pacificándolos entre ellos. Una de las formas en las que equilibramos la ausencia de amor maternal es a través de la búsqueda de poder. Cuando aparece María, se suaviza la jerarquía, todos somos hijos de la misma madre, que nos ama, el poder se convierte en una forma de servicio, de darse al otro, tal y cómo hace María.

María era testigo de la vida completa de Jesús, guardaba estas cosas en su corazón, amplía la memoria de los apóstoles, completa con las raíces. Garantiza que la memoria de los apóstoles pueda ser una memoria completa y fiel.

Se da un paralelismo entre el nacimiento de Jesús, entre persecuciones, y el nacimiento de la Iglesia, también entre persecuciones. En ambos momentos, María posibilita el nacimiento, defendiéndolo y fortaleciéndolo. Al igual que en la primera infancia, el niño apenas era sin su madre, en los primeros momentos de la Iglesia, María tuvo un papel fundamental y decisivo. El proceso de plenificación en el Espíritu que se ha dado en María, a través del desprendimiento, la capacita para esta maternidad espiritual de la Iglesia.

En un segundo momento: pedir la gracia de entrar en el anhelo de unión con Cristo como María lo anhela en este momento. Disponerme a recibir el Espíritu. Compartir con María la fuerza de ese deseo. El deseo es fundamental en la mística cristiana. La mística cristiana es una mística del deseo, del deseo de unión con Dios, del deseo de mi relación con Jesús, del deseo de mi relación con María.

Como afirma Gabino Uribarri: "La mística de Jesús es una *mística de deseos*, de fuertes, intensos y santos deseos...Así también habrá de serlo la mística cristiana, que no busca la extinción del deseo, como en el budismo, sino la educación del deseo y su reconducción hacia Dios. La conversión consiste básica y fundamentalmente en una conversión del deseo".[15]

En el tercer y cuarto momentos ser conscientes de que María tiene en su memoria toda mi vida y la de los miembros de mi familia y comunidad, es

[15] Gabino Uribarri. *La mística de Jesús*. Santander: Sal Terrae, 2016, 152.

testigo de nuestras vidas, memoria completa, fiel y amorosa, que comprende nuestras acciones. Lo recuerda todo, salvándolo.

Uno de los mayores deseos en el corazón de una madre es la armonía entre sus hijos. El corazón de María desea nuestra armonía. El tesoro del corazón de María son sus hijos, y el mayor deseo, verlos unidos caminando hacia el Padre.

COMENTARIOS A LA MEDITACIÓN DE LA PLENITUD DE MARÍA: AP 12, 1.5

El libro del Apocalipsis se escribe en medio de una persecución contra los cristianos, con la finalidad de que estos reciban fuerza y consuelo. Esta meditación tiene el potencial de darnos consuelo. María es consuelo, con-solatio, viene a remediar la soledad. La figura de la madre impide que el hijo esté solo. Lo maternal es previo a todo, tanto en la persona como en la Iglesia. La presencia maternal nos trasmite que **el ser es más importante que el hacer**.

Como buena madre, todo lo que tiene María, lo desea para sus hijos. María, siendo criatura, llega a la perfección en su relación con Dios, a través de la entrega, sin realizar nada extraordinario, en la sencillez de su día a día. María desea esa misma cercanía con Dios para cada uno de sus hijos, en su corazón.

Vemos a María adornada con la corona que representa el triunfo de los mártires, el triunfo de su Hijo y su propio triunfo. María es reina de los mártires por su unión con Cristo.

Es importante observar cómo vuelve a aparecer aquí la palabra **mujer**, al final de la Historia de la Salvación.

En Apocalipsis 12 aparece como la mujer que vence al dragón, precisamente por la protección de Dios sobre ella. Así, se convierte en figura protectora a la que acudir pidiendo su intercesión y protección. Igual que protegió a su Hijo-Mesías del dragón.

María es antes señora de sí misma que Señora nuestra. Llega a ser señora de sí misma a través de la fidelidad a la voluntad de Dios y del desprendimiento. María está fuera del tiempo y del espacio, por eso está siempre en todo lugar.

Que María tenga autoridad en nuestra vida, en concreto, significa que se han rehecho todos mis vínculos. Todo se vive diferente desde el vínculo con María, que me lleva al Señor.

María es el SÍ de la creación. Con su SÍ, recapitula también la Historia de la Salvación desde la criatura. Con María damos nuestro SÍ al Señor.

COMENTARIOS A LA MEDITACIÓN: ¿QUIÉN ES AHORA MARÍA PARA MÍ?

En María descubrimos una figura de gran riqueza. María es principalmente la Madre del Mesías. Siendo una persona humana concreta, personifica la riqueza más auténtica del pueblo de Israel, representado como la Hija de Sión, y también personifica a la Iglesia (nuevo pueblo), que ha comenzado a partir de un nuevo nacimiento, en el que ha intervenido como madre.

María contiene la sabiduría del pueblo que ha recibido la Palabra de Dios en su historia, y la ha acogido, pero también, por su íntima unión con Cristo la proclamamos como trono de la sabiduría; la persona de María de alguna manera se nutre de la sabiduría de la Antigua y la Nueva Alianza.

Siguiendo a Ratzinger: «"Sabiduría" es femenino, tanto en hebreo como en griego...está, como sustantivo de género femenino, de ese lado de la realidad que está representado por la mujer, por lo femenino como tal. Ella significa la respuesta que proviene de la creación y de la elección gracias a la llamada divina. Expresa precisamente esto: que existe la respuesta pura y que el amor de Dios encuentra en ella su morada irrevocable».[16]

---

[16] Joseph Ratzinger. Benedicto XVI. *La Hija de Sión. Meditaciones sobre los dogmas marianos de la fe de la Iglesia*. Ed: Saint John Publications, 2022, 25.

Tal y como Israel es el pueblo elegido, a través del cual viene al mundo la relación con Dios; María trae al mundo a Dios. María encarna la mística del pueblo de Israel, antesala de la encarnación del Verbo. Así, la figura de la Hija de Sión une: pueblo de Israel y mujer concreta. Iglesia como pueblo mesiánico y mujer concreta, que siendo la madre concreta del Mesías, ejerce una maternidad espiritual sobre el nuevo pueblo mesiánico.

María es modelo de escucha al Señor, se deja guiar, igual que el pueblo del Señor, debe dejarse guiar por Él. María nos enseña que la transformación de un corazón se da, cuando entra el Amor y encuentra una respuesta de recepción, fe y abandono.

Pero, sobre todo, la misión de María, lo que marca en esencia su existencia, es su maternidad. El Señor, a través de María ha vinculado la maternidad a altos grados de santidad. María es Madre de Dios y madre de cada uno de nosotros. Madre cercana que desea estar presente de forma concreta en la vida de cada uno de sus hijos.

FINAL DE LAS MEDITACIONES

Al terminar las meditaciones, se recomienda hacer una consagración al Inmaculado Corazón de María o bien la redacción de un Magnificat personal como agradecimiento de todo lo recibido.